AF339564

CONSTANT-DUFAUT

LA
CHARTE ET LE ROI

<blockquote>
Plus de division : la Paix et la France.

Comte d'Artois.

Le retour des Princes produisit en France un enthousiasme universel. Il n'y avait personne qui ne fût réellement dans l'ivresse

Carnot.
</blockquote>

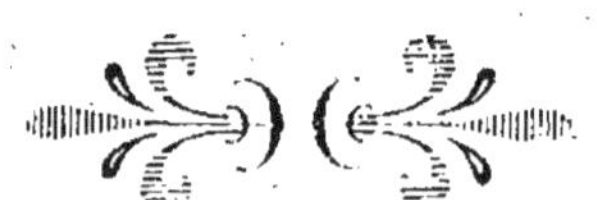

NIMES

BEDEAUD, LIBRAIRE
près la Cathédrale.

AIX

MAKAIRE, LIBRAIRE
1883.

LA
CHARTE ET LE ROI

Plus de division : la Paix et la France.

Comte d'ARTOIS.

Le retour des Princes produisit en France un enthousiasme universel. Il n'y avait personne qui ne fût réellement dans l'ivresse

CARNOT.

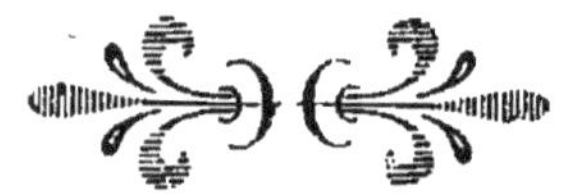

NIMES

BEDEAUD, LIBRAIRE
près la Cathédrale.

AIX

MAKAIRE, LIBRAIRE
1883.

NICE

IMPRIMERIE DU PATRONAGE DE SAINT-PIERRE,

1, — Place d'Armes — 1.

CHAPITRE I.
Une journée d'Avril 1814.

Allons, Messieurs, laissez-les s'approcher, vous voyez bien qu'ils sont affamés de voir le Roi.

HENRI IV.

Dans la vie des nations, les grandes et longues douleurs appellent les délirantes joies. Cette vérité ne parut jamais mieux dans tout sont éclat qu'en Mars 1814, lorsque les Bourbons rentrèrent en France. On vit alors se produire dans les villes et les campagnes une explosion d'enthousiasme unique dans les fastes de notre histoire.

Pendant les vingt-quatre années qui venaient de s'écouler, après les crimes sans nombre de la Révolution et toutes les orgies du Directoire et du Consulat, l'on avait eu à traverser la période sanglante de l'Empire qui avait totalement épuisé la France en hommes et en argent. Aussi, quand apparut l'antique royauté, apportant dans les plis de son glorieux drapeau l'ordre et la paix, le droit et la justice, la richesse et le bonheur, ce fut une ivresse générale. Le spectacle offert par les populations était des plus curieux. Ce n'était partout que fêtes publiques et chants d'allégresse. Mais où la joie prenait une expression vive et touchante, c'est dans les campagnes que les malheurs des temps passés avaient plus particulièrement éprouvées. Il faut entendre les survivants de cette époque, déjà lointaine, parler de leurs acclamations, de leurs farandoles, de leurs banquets pour se faire une juste idée de cet universel mouvement des esprits et des cœurs.

Accueillie par le peuple de la manière que nous venons de voir, la monarchie légitime, à son retour, reçut les plus éclatants hommages de la part de tous les pouvoirs publics. Les municipalités rivalisèrent de chaleur dans l'expression de leur dévouement, comme les officiers généraux, parlant au nom des corps qu'ils commandaient, dans celle de leur fidélité.

Le Conseil municipal de Paris disait dans son adresse : « C'est au nom de nos devoirs même, et des plus sacrés de tous, que nous abjurons toute obéissance envers l'usurpateur pour retourner à nos maîtres légitimes. » Plusieurs généraux écrivirent cette simple phrase :« Je jure au Roi fidélité en mon nom et en celui de tous mes officiers et soldats. »

Les grands corps de l'Etat ne restèrent pas en arrière du mouvement, et se firent l'interprète autorisé de l'opinion. Le Sénat, le Conseil d'Etat, la Cour de Cassation, la Cour des Comptes, le Clergé, l'Université se rallièrent avec empressement au nouvel ordre de choses ; et c'est avec vérité qu'un républicain tel que Carnot, témoin oculaire des événements, a pu écrire. Le retour des Bourbons produisit en France un enthousiasme universel. Ils furent accueillis avec une effusion de cœur inexprimable. Les anciens républicains partagèrent avec transport la joie commune. Toutes les classes de la société avaient tellement souffert qu'il n'y avait personne qui ne fût réellement dans l'ivresse.

La Fayette, Laffitte et Benjamin Constant furent les premiers à saluer de leurs vivats la Charte de Louis XVIII.

Quant aux sentiments de l'Europe à l'endroit de la restauration royale, ils étaient tels qu'ils l'honoraient elle-même, en honorant la France. La proclamation de Francfort disait : « les souverains alliés désirent que la

France soit grande, forte, heureuse, parce que la puissance française, grande et forte, est une des bases fondamentales de l'édifice social. Ils professent toujours le même principe que, pour le bonheur de l'Europe, il faut que la France soit grande et forte. »

Cette expression *grande* et *forte* revient à tout moment dans les écrits diplomatiques qui furent échangés à cette époque, et aucun élément de grandeur et de force pour la France ne parut et ne fut en effet plus sérieux et plus puissant que le rétablissement de la Monarchie. C'est cette forme de Gouvernement qui est en parfaite harmonie avec les besoins, les mœurs, les habitudes et les aspirations des Français.

En effet, trois sentiments se partagent l'âme du Français et forment le trait distinctif de son caractère :

L'amour de la liberté ;

L'amour de la Religion ;

L'amour de l'autorité.

Il n'est satisfait que lorsque les besoins qui en naissent trouvent leur complète satisfaction. Où l'autorité est faible, règnent la licence et le désordre ; où la liberté est persécutée règnent l'arbitraire et la tyrannie ; et enfin, où la Religion ne jouit pas des prérogatives indispensables à sa mission de bien intellectuel et moral, la liberté et l'autorité manquant de leurs bases naturelles, se livrent des guerres préjudiciables, tantôt à l'une, tantôt à l'autre. Le meilleur des gouvernements est celui qui, sachant faire à chacun de ces sentiments la part qui lui revient dans les Institutions et les Mœurs, parvient à toute la perfection désirable et possible. Or, tel fut toujours celui de la Monarchie Française.

Paternel, sans faiblesse, aussi sincèrement dévoué à la liberté qu'ennemi de la licence, sévèrement économe du sang et des deniers de la France tout en restant extrêmement jaloux de sa gloire, de son honneur et de son influence dans le monde, et avec cela, profondément attaché à la Religion et à l'Eglise, tel fut ce pouvoir monarchique qui éleva si haut, la prospérité de notre pays dans la littérature, la science, les arts, l'agriculture, le commerce et l'industrie, qu'on put dire de lui : qu'il était le plus beau royaume de la terre.

Quand se lèveront pour nous ces jours fortunés qui luirent pour nos pères !

CHAPITRE II.

La République Jacobine et la République Franc-maçonne

> Il faut travailler à l'abolition prompte et radicale du catholicisme par tous les moyens.
> *L'Anti-Concile de* NAPLES.

« Ni trône, ni autel », tel est le but commun de la République Jacobine et de la République Franc-Maçonne ; mais pour l'atteindre, elles emploient des moyens différents. La première procède volontiers par la violence, la seconde par la ruse. La maxime préférée de l'une, c'est que légales ou non, toutes les voies sont bonnes, dès lors qu'elles conduisent directement au but poursuivi ; la maxime de l'autre, c'est que le nombre fait la loi, et par conséquent, qu'il faut avant tout corrompre ou intimider une majorité pour lui faire voter des lois injustes qu'on appliquera ensuite sans soucis de l'équité et du droit. La République Jacobine est plus rustre, plus sauvage, plus audacieuse, elle courbe immédiatement toutes les têtes sous la force de son glaive ; la République Maçonnique est plus policée, plus scientifique, plus hypocrite; elle cache ses batteries, elle s'applique d'abord à tromper l'opinion et ne découvre le but où elle tend que lorsqu'elle croit n'avoir plus rien à craindre de ses adversaires. Néron eût été Jacobin, Julien l'Apostat est le type du franc-maçon.

La République Jacobine prend pour devise « Ecrasons l'infâme» et la République Franc-maçonne préfère celle-ci: « Le Cléricalisme, c'est l'ennemi. » C'est la même haine contre le Catholicisme, mais recouverte d'un voile pour tromper les badauds.

Si toutes les deux avaient un certain chemin à parcourir dans un temps limité, la première serait de beaucoup en avance sur l'autre ; mais le temps ne faisant pas défaut, l'on comprend mieux l'emploi de la seconde. C'est celle que présentement nous avons. La première a ruiné la France, a conduit à la banqueroute, a détruit la Religion, corrompu les mœurs publiques, provoqué l'invasion étrangère. Nous allons montrer que la seconde nous mène aux mêmes résultats à pas accélérés.

CHAPITRE III.

Les finances ruinées.

> Le régime actuel c'est l'exploitation de la France en coupes réglées au profit d'une coterie.
>
> LESCŒUR.

Le premier devoir d'un gouvernement, c'est de garder les frontières, de maintenir l'ordre à l'intérieur, d'assurer l'observation des lois, d'encourager le travail et la production, de favoriser le commerce, l'industrie, l'agriculture ; d'imprimer de l'essor à toutes les sources de la richesse publique ; et ce devoir, il ne peut le remplir qu'avec les ressources du budget qui lui permettront d'entretenir une armée, une marine, un corps de magistrats et de fonctionnaires civils de tous grades.

Mais ce budget ne doit jamais être grevé sans raison; les impôts qui l'alimentent, sont la sueur du peuple. Le gouvernement ne doit les exiger que lorsqu'ils sont nécessaires. Il doit en être économe, il doit ne les employer que pour le bien commun ; il doit les diminuer dès qu'il le peut. Eh bien, nos républicains semblent avoir résolu de faire tout le contraire. Non–seulement ils n'ont rien fait pour diminuer le budget, mais ils l'ont augmenté sans raison dans des proportions effrayantes. Oublieux de l'intérêt général, ils n'ont jamais paru préoccupés que de leur intérêt propre. On dirait des mauvais fermiers qui ne paraissent installés dans un domaine que pour en ruiner le propriétaire ; on dirait des pieuvres dont les milliers de tentacules vont sucer partout où il y a un tissu charnu dans le corps social.

Sous la Monarchie et l'Empire, ils trouvaient que les traitements des fonctionnaires de l'Etat étaient trop élevés ; depuis qu'ils sont au pouvoir, ils n'ont eu qu'un seul souci, les augmenter.

Quand nous agonisions sous les pieds de l'Allemagne triomphante, prodiguant à la patrie malheureuse, notre sang et notre or, en avons-nous vu un seul offrir une obole de leur plantureux traitement de députés, sénaurs,généraux, receveurs, secrétaires d'Etat, ministres ? Non. Et depuis la guerre, se sont-ils appliqués à diminuer les charges accablantes qui en ont été la suite? Au contraire, ils ont constamment aggravé le budget annuel. Dettes flottantes, dette du Grand livre, tout augmente chaque année d'une somme énorme. On ne nous croirait pas si nous n'apportions des faits et des chiffres irrécusables. Les budgets officiels de la France vont nous les fournir.

Voici d'abord le dernier budget proposé et adopté pour 1883. Il se compose des quatre chapitres suivants :

Budget ordinaire	3.027.830.090 [1]
Budgets extraordinaire et annexé	613.855.338
Budget sur ressources spéciales	417.000.000
Total	4.058.685.338.

Le député Daynaud, dans la séance du 12 Juillet, a prouvé qu'il était déjà en déficit de 372 millions sur les recettes. Et, dans cette somme colossale de plus de 4 milliards, ne sont comptés ni les dépenses des départements et des communes que l'on sait être si considérables ; ni les dépenses de la Tunisie pour lesquelles on demande 50 millions et qui en absorbera dit-on plus de cent; ni les dépenses supplémentaires et les crédits imprévus que chaque ministère fait voter chaque année. Faisons une simple comparaison.

Il ne sera pas ici question du budget de notre bon vieux temps, alors que les rois de France, véritables pères de famille, savaient faire des merveilles de gouvernement avec si peu de ressources. A quoi bon rappeler que Louis IX gouvernait avec 136.000 livres ;

1. Le seul budget ordinaire proposé pour 1884 est de 3,103.700.843. De plus le ministre annonce un déficit ou un emprunt de 313 millions. Encore un pas de plus vers la ruine.

Henri IV avec 34 millions ? Transportons-nous dans des temps plus rapprochés du nôtre.

Le Budget de la Restauration en 1830, était de 990 millions.

Celui de Juillet 1848, était de 1.433 millions.

Celui du second Empire, en 1852, de 1.650 millions.

En tenant compte de l'augmentation imposée par les frais de la guerre de 1870, le budget devrait être de 2.161.000.000. Nous sommes donc en face d'une augmentation de plus de 1.900 millions de dépenses.

Où les a-t-on trouvés et comment les a-t-on employés ?

Pour se les procurer, on a eu recours à tous les moyens, même à ceux qui sont le plus propres à ruiner le crédit de la France. On a emprunté sous toutes les formes; par la voie ordinaire, par le moyen des Obligations trentenaires, par la création de Rentes amortissables, par l'émission des Bons du Trésor, par des avances demandées à la Banque de France.

Comment a-t-on employé ces 1900 millions ? C'est ici qu'on est en face tantôt de vols et d'illégalités, tantôt de négligences révoltantes et toujours d'une préoccupation personnelle qui subordonne tout à l'intérêt privé.

Le pillage a commencé dès les premiers jours de la République. La Commission des Marchés a découvert qu'il avait été commis des fraudes dans les fournitures faites pendant la guerre pour une somme de plus de 150 millions, et la plupart de connivence avec les membres du Gouvernement; rien n'a été réparé.

La Cour des Comptes a constaté qu'il avait disparu

de la caisse de l'Etat, sous le Gouvernement de la défense nationale, 262 millions sans justification aucune de reçu ni d'emploi d'aucune espèce. Personne depuis n'en a donné de nouvelles.

On a constaté qu'il manquait 498.585 francs à l'emploi des fonds secrets de l'année 1870 : personne n'a rien remboursé.

Quand M. Gambetta dut s'installer au Palais Bourbon, comme Président de la Chambre des Députés, de grandes réparations y furent faites. Le Sybarite, à son arrivée, trouva qu'on n'avait pas suffisamment aménagé la salle des bains; il fallut la réparer : coût de ce supplément de facture 42.000 francs.

M. Grévy n'a pas jugé non plus l'Elysée assez confortable, et il a demandé qu'on y ajoutât un jardin d'hiver; coût de ce caprice 180.000 francs.

Le mandat des Sénateurs et des Députés était gratuit auparavant ; nos républicains se sont octroyés un traitement de 25 francs par jour. Les chemins de fer rachetés se cotaient à la Bourse 150 francs le titre ; on les a remboursés au pair à 500 francs, résultat ; 400 millions de perte pour le budget.

Dans le réseau exploité directement par l'Etat, les dépenses s'élèvent à 84 % des recettes. En quatre ans on a déjà perdu de ce chef 40 millions et le déficit augmente chaque année. C'est ruineux pour les contribuables, mais ça enrichit une foule de purs républicains, et c'est tout ce qu'on voulait.

On a augmenté les traitements des fonctionnaires de 85 millions.

On a créé une masse d'emplois nouveaux en faveur

des républicains : aucuns nécessaires, la plupart complètement inutiles et tous largement rétribués. M. Cazot a voulu 26 conseillers d'Etat, 15 avaient paru suffisants à tous les gouvernements. M. Paul Bert, à lui seul, à peine nommé Ministre s'octroya de plus que ses prédécesseurs : 1 chef de division, 3 secrétaires, 2 employés et 1 bibliothécaire, avec un traitement variant de 3 à 12.000 francs chacun.

On a chassé, uniquement en haine de la Religion, des milliers de Frères et de Sœurs qui ne demandaient qu'un traitement de 500 à 800 francs et on les a remplacées par des laïques à qui on donne des traitements qui varient, pour les institutrices, de 800 à 1500 francs et pour les instituteurs, de 1200 à 3400.

On a supprimé 29 colléges qui ne demandaient rien à l'Etat ; il faut en bâtir d'autres dont les constructions coûteront 25 millions et les 800 professeurs à 3000 francs chacun, 2.400.000 francs. Bref, déjà à cette heure la République a dépensé, sous prétexte d'organiser l'Instruction publique, en réalité pour organiser l'enseignement de l'athéisme, 392 millions. M. Ferry dit qu'il faut dépenser encore pour le même but 500 millions, et d'autres ajoutent que la réalisation du plan infernal de la laïcisation de toutes les écoles coûterait à la France, si elle était complète, 1 milliard 500 millions de capital et 325 millions de pensions ou d'intérêts chaque année.

On a présenté un plan de travaux publics qui ne devait pas dépasser 4 milliards ou 400 millions à emprunter pendant dix ans. C'était déjà ruineux, vu les charges du pays ; après trois ans on avoue qu'il faudra pour terminer ces travaux 8 à 9 milliards, peut-être davantage.

Au lieu de faire appel à l'Industrie privée, nos Républicains ont voulu diriger les constructions des chemins de fer. Les 160 kilomètres déjà terminés un peu partout ont coûté 24 millions, ce qui fait 240 mille francs par kilomètre, juste le double du prix ordinaire.

Que dire de ces immenses dépenses faites en Tunisie et en Algérie, illégales autant qu'irrationnelles ? En Algérie, la dernière révolte aurait pu être prévenue comme tant d'autres l'ont été par un simple déploiement de forces fait à propos, par une adminstration prévoyante et intelligente. Mais, par un effet du népotisme en cours, on avait envoyé à Alger, pour gouverneur, un avocat dont tout le mérite était d'être frère du Président de la République et de s'appeler Grévy.

En Tunisie, on allait faire la guerre aux Kroumirs que nos soldats ne trouvèrent nulle part. En réalité, cette expédition ruineuse et absolument ridicule, fut entreprise à l'instigation d'hommes tarés, qui n'avaient en vue que des fortunes à ramasser par de honteuses spéculations de terrains, de chemins de fer ou autres entreprises à forts capitaux.

La loi sur les victimes du 2 Décembre mérite une mention particulière. Il eût été difficile de blesser plus vivement le sens moral d'un peuple. Ces prétendues victimes, à quelques exceptions près, forment la lie la plus impure de la population. Il y a là tout l'état-major de ce que le désordre et le crime contiennent de plus dangereux et de plus pervers. On y compte des voleurs, des incendiaires, des assassins. Il y en a, parmi le nombre, qui avaient commis leurs crimes avec des circonstances à rappeler les scènes de cannibales. On en a vu s'emparer des gendarmes, les lier, les insulter, les massacrer, et ensuite tremper leurs mains dans le sang des victimes et organiser des farandoles autour de leurs cadavres encore chauds. Eh ! bien, ces assassins condamnés par les tribunaux, graciés ensuite, sont aujourd'hui pensionnés par l'Etat. Ils reçoivent un secours annuel, allant pour la plupart jusqu'à douze cents francs et dont le total s'élève à huit millions par an. Dans certaines communes les enfants des assassins sont pensionnés à côté des enfants de la victime qui n'ont rien.

En France, c'est le lot inévitable de la République de ruiner le pays ; sous ce rapport toutes les Républiques se ressemblent.

La première a dissipé, outre les impôts annuels, 14 milliards d'assignats, 1 milliard du bien des Hôpitaux, trois milliards des biens du Clergé, le tout sans profit pour la nation ; et malgré tout elle a abouti à la banqueroute.

La seconde a commencé son règne éphémère par l'impôt des 45 centimes et la confiscation des caisses d'épargne ; elle n'a duré que quelques mois, mais elle a trouvé le moyen de donner à ses créatures, pendant ce court espace de temps, près de 800 millions.

La troisième endettant la France chaque année, a déjà creusé un passif incroyable mais trop réel de 32 milliards ! 32 milliards qui grèvent le budget chaque année de 1700 millions d'interêts. 1

(1) Et pendant que la dette publique augmente toutes les années, la valeur des terrains qui lui sert de gage diminue chaque jour. Les statistiques publiées par les Revues agricoles, constatent que la valeur des vignes a diminué d'environ dix milliard, que la valeur des terres en bloc a diminué de plus de moitié; que l'élève des bestiaux, un des éléments de la richesse publique, s'affaiblissait chaque année et que la race ovine en particulier avait perdu le tiers de son affectif.

En Angleterre dont la population s'élève à 30 millions d'habitants , le budget n'est que de 1938 millions ;
En Autriche, 38 millions d'habitants, de 1660 millions ;
En Russie, 88 millions d'habitants, de 2632 millions ;
En Allemagne, 44 millions d'habitants, de 2334 millions ;
Aux Etats-Unis, 50 millions d'habitants, de 1525 millions.

Le Français paye donc par tête un impôt de 109 francs par an, lorsque l'Anglais n'en paye que 58, l'Allemand que 54, l'Autrichien que 44 et le Russe que 36.

Sous Charles X, en 1829, un Français ne payait que 32 francs, et le gouvernement réparait les ruines de 25 ans de désordre, soldait les dettes de l'Empire, dégrevait l'impôt foncier et amortissait 200 millions par an.

Et quels sont les résultats immédiats de ces impôts écrasants ? tout le monde peut le comprendre.

L'agriculture est dans un marasme épouvantable. Les dégrèvements cent fois promis sont toujours ajournés. L'industrie, écrasée par les charges qu'elle a à supporter, est arrêtée dans son essor et se déclare incapable de lutter contre la concurrence étrangère. Tous les objets de consommation sont d'une cherté désastreuse pour l'ouvrier principalement. Toutes les villes ont des octrois ruineux pour le pauvre. Les loyers, dans les grandes villes, sont à des prix impossibles pour les petites bourses.

De là, malgré le progrès, les inventions de la science, les ressources que chaque époque doit nécessairement transmettre à la suivante, ces murmures fréquents, ces sourds mugissements, ces grèves répétées, cette facilité qu'ont les communistes et les socialistes de recruter des adhérents. Et au milieu de cette misère, il y a une oligarchie gouvernementale, composée d'une centaine de mille fonctionnaires, enfants gâtées de la République, qui vivent dans toutes les splendeurs du luxe.

Enfin, les résultats de cette augmentation succesive de la dette publique est de compromettre peu à peu le crédit public de la France, de rendre impossible le remboursement de la dette flottante, si les créanciers venaient à l'exiger, d'épuiser les épargnes et les ressources du pays et par conséquent en cas de crise, de mauvaises récoltes, de famine ou de guerre, de livrer une nation tout entière aux horreurs de la peur, de la misère et aux caprices d'un ennemi vainqueur.

CHAPITRE IV.

La Religion attaquée.

> Un peuple sans religion, on ne le gouverne pas, on le mitraille.
> NAPOLÉON.

La Religion est pour l'homme le premier des besoins, et le premier des devoirs ; la Religion est pour la Société le plus solide fondement et le plus sûr gardien.

« Tous les hommes, dit Platon, qui ont seulement la moindre portion de raison, invoquent Dieu au commencement de leurs actions, quelle qu'en soit l'importance. » [1]

« Supprimez la croyance à la divinité, dit Cicéron, vous supprimez du même coup la bonne foi; vous brisez les liens qui unissent les hommes en société ; vous faites disparaître la plus excellente de toutes les vertus, la Justice. [2]

Je comprendrais mieux une ville se soutenant en

(1) Platon — Timée.
(2) Cic. De nat. D.

l'air, sans reposer sur aucun fondement, que je ne me pourrais figurer une ville organisée ou maintenue, après qu'on y aurait détruit l'idée de la divinité qui est le lien de toute société, le fondement de toute législation. [1]

Après le témoignage des païens voici celui des Economistes modernes, qui ont considéré la question indépendamment de toute préoccupation religieuse.

M. de Tocqueville, que nos écrivains démocrates citent souvent, disait, il y a trente ans : « L'incrédulité a toujours été le prélude des décadences »; et Guizot le protestant : « Quand l'idée religieuse est chassée de l'esprit d'un peuple, la place qn'elle occupait ne tarde pas à être envahie par une sorte de possession infernale. A sa suite, le génie et le courage s'évanouissent et l'apostasie est punie par l'abrutissement. » [2]

Jean-Jacques Rousseau allait encore plus loin : « On devrait traduire devant les tribunaux les parents qui envoient leurs enfants dans des écoles sur la porte desquelles il est écrit : Ici, on n'enseigne pas la Religion. » [3]

« La Religion et la morale, dit Washington, sont des bases nécessaires de la prospérité des Etats. En vain prétendrait-il à la gloire du patriotisme celui qui voudrait renverser ces deux colonnes de l'édifice social. » [4] Robespierre lui-même a fait cet aveu :

« L'idée de l'Etre suprême et de l'immortalité de l'âme est un rappel continuel à la justice : elle est donc sociale et républicaine.

(1) Plut. contre Colotès.
(2) Méditations Chrétiennes.
(3) Victor Hugo, à la Tribune.
(4) Testament de Washington.

« Celui qui, sans avoir remplacé la divinité dans le système de la vie sociale, ne songe qu'à la bannir de l'esprit des hommes, me paraît un prodige de stupidité ou de perversité.

« Attachons la morale à des bases éternelles et sacrées : que l'éducation publique soit surtout dirigée vers ce but.

Je ne sache pas qu'aucun législateur se soit jamais avisé de nationaliser l'athéisme. » [1]

Nous avons cité des auteurs que nos républicains ne peuvent récuser. Pour un chrétien, il nous suffit de rappeler les paroles du Pape Léon XIII : Vous avez compris que la Religion est le lien social par excellence, non-seulement entre les hommes et Dieu, mais entre les hommes eux-mêmes.

Hé bien, à la Religion, la République a déclaré une guerre haineuse, savante, méthodique, progressive, une guerre acharnée, sans trêve, ni repos, une guerre irréconciliable et à mort.

Cette guerre s'adresse à sa *Doctrine*. En effet, l'athéisme est aujourd'hui légal et public. Le gouvernement ne veut plus de Dieu nulle part. Il en déclare l'idée dangereuse, inutile.

L'Evangile est proscrit, le Catéchisme interdit, l'Histoire sainte traitée de récits absurdes, et enlevée de la main des enfants.

La diffusion de livres pleins d'hérésies est patronné partout et quelques-uns, tels que ceux de Mrs Paul Bert et Compayré, sont tirés à des millions d'exemplaires

(1) Maximilien Robespierre.

pour aller corrompre l'âme de l'enfance. Tous les lycées ont été abonnés officiellement par le Ministre de l'instruction publique à des publications athées ou anti-religieuses, rédigées par des libres-penseurs : telles sont entre autres la *Revue critique* et la *Revue historique* de M. Monod.

Le Dimanche est supprimé, le divorce préparé en loi, la profession religieuse transformée en délit et proclamée immorale, toute réunion des Evêques interdite, les Juges ne pourront plus demander le serment devant Dieu et devant les hommes.

Cette guerre implacable s'adresse à son *Culte*. La presse républicaine l'attaque chaque jour dans ses milliers d'organes, et ces attaques, au lieu d'être réfrénées sont, encouragées : il n'y a plus de délit religieux. Les Maires peuvent, suivant leur bon plaisir, supprimer les cérémonies extérieures, telles que processions générales ou particulières, port solennel du Saint-Viatique aux malades.

Les croix, les statues de la Vierge et des Saints sont enlevées de la voie publique, des écoles, des salles d'asile, des hôpitaux. On a vu des Préfets les entasser dans des tombereaux avant de les jeter aux immondices et des Maires les jeter dans des latrines.

Les cimetières se sont vus dépouillés de leur caractère sacré, pour devenir de vulgaires lieux de sépultures où les croyances les plus disparates se trouvent mêlées et confondues. Et enfin, les pompes funèbres, jusqu'à ce jour, dépendance obligée et naturelle de l'Eglise, ont revêtu le caractère de service civil.

Cette guerre s'adresse aux *Ministres* de la Religion.

Ils ont été exclus de tous les grands Conseils du gouvernement, de partout où le respect des peuples les avait toujours placés, où les appelaient leur science, leurs vertus, leur expérience, les inétrêts sacrés dont ils ont la garde et dont ils sont les plus fermes soutiens.

C'est ainsi qu'ils ont été exclus du Conseil Supérieur de l'instruction publique, du Conseil académique et des divers Jurys d'examen. L'entrée de l'Ecole leur est interdite.

Puis encore, le mal accélérant sa course folle, nous avons vu s'accomplir des crimes moraux qui appellent toutes les malédictions sur un régime : la suppression de l'aumônerie dans l'armée, dans les Ecoles normales d'instituteurs, dans les hôpitaux. Le malade qui voudra un prêtre pour l'assister à son lit de mort devra le demander, l'exiger avec force de ses cerbères. Et s'il n'est plus en possession de toutes ses facultés, il mourra sans secours religieux, faute de pouvoir user de ses droits et de pouvoir les faire respecter.

Mais où la persécution contre le Clergé apparaît dans toute son abominable crudité, c'est dans les mesures déjà prises, ou en cours d'exécution, dont le but avéré est de détruire le plus efficacement possible le *recrutement* ecclésiastique. Parmi ces mesures, citons la loi qui soumet les élèves des Grands-séminaires au service militaire ; citons le retrait des bourses qui venaient au secours des plus pauvres de ces élèves ; la suppression des subventions données aux maîtrises des cathédrales ; citons encore les nombreux procès faits à des pasteurs pour n'avoir parlé que selon leur conscience et dit les choses les plus vraies comme les plus justes. Et enfin, pour achever de ruiner le sacerdoce catholique dans l'estime et le respect des populations, on a déchaîné contre lui une légion immense de journalistes et de folliculaires qui semblent n'avoir, chaque matin, d'autre mission que de le diffamer, le calomnier.

Enfin, cette persécution s'étend aux *Ordres religieux*. Qu'est-ce qu'un religieux ? C'est un homme qui pour mieux se sanctifier lui-même et sanctifier les autres a juré, aux pieds des autels, de renoncer aux joies de la famille, par le vœu de chasteté, à l'acquisition, à la possession, à l'amour des richesses, par le vœu de pauvreté, aux caprices de la volonté propre par le vœu d'obéissance à des règlements dont la sagesse a été examinée et approuvée par l'Eglise.

Un religieux est un homme qui a mis toutes ses puissances, toutes ses facultés au service de Dieu et du prochain. Il représente l'héroïque charité, l'héroïque dévoûment, l'héroïque lumière. En lui, vit le pur Evangile dans tout ce qu'il renferme de plus élevé et de plus parfait. Les ordres religieux sont une des gloires et des puissances de l'Eglise qui a toujours trouvé en eux des enfants dévoués, des apôtres zélés, des savants studieux, de courageux défenseurs. Eh bien, la République ne veut pas de religieux. Elle a crocheté de force leurs couvents, a violé leur domicile, les a expulsés de leur propriété.

Elle prépare une loi qui accorde la liberté d'association à tous les citoyens français sauf aux Religieux ; une loi qui classe parmi les délits l'engagement de garder les conseils évangéliques, c'est-à-dire de faire les trois vœux de pauvreté, de chasteté et d'obéissance.

Résumons-nous. Les Evêques exclus de tous les conseils d'instruction publique.

Les aumôniers de l'armée, des Hôpitaux, des Ecoles Normales suprimés.

Le crédit pour les transports des missionnaires supprimés.

La subvention aux écoles françaises d'Orient supprimée.

Les secours alloués aux Maîtrises supprimés.

Les Séminaristes obligés au service militaire.

Les lettres d'obédience et les titres équivalents supprimés.

Les Croix sciées et renversées par l'autorité.

Les crucifix arrachés, brisés, jetés au tombereau municipal.

Les emblêmes religieux effacés.

Les statues de la Vierge et des Saints déboulonnées.

Les cimetières profanés, les processions prohibées.

Les portes des couvents enfoncées, les cloîtres violés, les religieux dispersés.

Le St-Sacrement mis sous les scellés.

L'entrée des écoles interdite aux Curés.

La Prière, l'Histoire sainte, l'Evangile et le Catéchisme effacés des programmes d'enseignement.

Des articles organiques condamnés par le Pape mis en vigueur.

L'introduction dans les écoles de livres hérétiques.

Les Ministres supprimant ou réduisant à leur gré les traitements ecclésiastiques.

Le Gouvernement s'arrogeant le pouvoir de supprimer les paroisses canoniquement érigées.

Des législateurs qui déclarent que les insultes à la

Religion ne seront pas réprimées, qui prennent en considération l'abrogation du Concordat, qui refusent aux religieux les droits qu'ils accordent aux communards, qui votent le rétablissement du divorce, qui abolissent la loi sur le repos du Dimanche.

Quel bilan! quel plan diabolique savamment calculé!

CHAPITRE V.

L'Instruction viciée

> Pour renouveler l'esprit d'une nation il faut s'emparer de l'Education.
> BACON.

C'est surtout par les Ecoles que la République s'efforce de déchristianiser notre pays. Un de ses principaux adeptes, grand dignitaire dans la Franc-maçonnerie, l'a déclaré ouvertement: « Qui tient les Ecoles en France tient la France : Les autres l'ont tenue assez longtemps, à notre tour et les voilà à l'œuvre. » (1)

D'abord ils ont éliminé Dieu et la Religion de l'Ecole. Les Instituteurs ont reçu l'ordre de ne jamais parler de Dieu aux enfants. De Dieu, la vérité première et la source même de toute vérité ; de Dieu la cause efficiente et nécessaire de tout ce qui existe; le premier anneau de cette chaîne de faits, dont la raison unie à l'expérience forme la science ; de Dieu, créateur, ordonnateur, moteur de toute chose, dont Newton n'entendait jamais prononcer le nom sans se découvrir par respect !

(1) Le franc-maçon J. Massé fondateur de la Ligue d'Enseignement.

En séparant Dieu des notions de la science, on mutile la science, on la rend incomplète ou plutôt on la détruit, puisqu'on la prive de son principe, de sa base. N'est-ce pas un crime tout à la fois de lèse-Philosphie et de lèse-Société que d'exclure de l'école l'Histoire Sainte qui nous apprend les vrais origines de toutes choses? l'Evangile qui nous fait connaître la vie et la doctrine de l'Homme-Dieu, rédempteur du monde? le Catéchisme, ce code tout à la fois si court et si complet, si clair et si profond de philosophie et de morale?

Séparée de sa base nécessaire, l'Instruction a subi une autre amputation aussi barbare : on l'a séparée de d'éducation.

Sans l'éducation, l'instruction est une arme à deux tranchants qui blesse souvent celui qui s'en sert. L'ennemi de l'homme ce sont ses passions : elles le dominent quand il ne les domine pas. Or, les passions, qui ne trouvent pas leur contre-poids dans les vérités de la morale religieuse, sont plus farouches et plus dangereuses dans l'homme instruit que dans celui qui ne l'est pas.

La République cependant veut que l'instituteur enseigne la morale, mais la morale indépendante, la morale civique, la morale qui, d'après M. Gambetta, doit avoir pour base la science, d'après M. P. Bert l'hygiène, d'après M. Ferry la gymnastique, d'après M. Humbert la surveillance de la police. Hélas ! une triste expérience a démontré l'inanité de ces nouveaux fondements. Sans religion la Science ne servira qu'à manier plus adroitement le pétrole et la dynamite ; l'Hygiène ne fera que des épicuriens, la Gymnastique consacrera le droit du plus fort, et un esprit cultivé trouvera plus facilement les moyens de berner la police. (*1*)

Rendue homicide par l'expulsion de Dieu et de la morale, l'instruction s'est ravalée par la suppression de la concurrence.

La concurrence est l'âme de l'Instruction comme elle est l'âme du commerce. C'est elle qui l'accroît, la répand, la perfectionne. Sans concurrence, toute activité sommeille et souvent disparaît complètement.

Or, par haine de l'Instruction véritable, source de lumière et de bienfaits, propagatrice de la foi et soutien des bonnes mœurs, la République a supprimé la concurrence dans l'Instruction à tous les degrés.

Les Universités Catholiques avaient le droit de percevoir les frais d'inscription de la part de ceux qui fréquentaient leurs cours : on l'a supprimé. Elles avaient le droit de faire partie des jurys mixtes chargés d'examiner leurs élèves : on l'a supprimé.

Supprimée pareillement la faculté de délivrer les diplômes de bachelier, supprimé le nom même d'*Université* créé par l'Eglise cependant et usité dans ses écoles depuis le douzième siècle. A ces entraves on a ajouté le refus absolu de tout secours, de toute subvention, lorsqu'on prodigue les millions aux Universités rivales. (*2*)

On a supprimé la concurrence dans l'Instruction secondaire.

(1) « Ce n'est pas l'instruction qui moralise, c'est l'Education, chose « fort différente, surtout l'éducation religieuse. »

VICTOR COUSIN.

(2) Sur 36 millions d'habitants qu'a la France, 30 mille environs se sont dits libres penseurs; dans le dernier recensement, cela fait juste 1 sur 1200. Eh bien c'est cette minorité infime et plus ou moins sincère qui force les croyants à donner 700 millions pour instituer des Ecoles destinées à détruire toute croyance. Jamais ne s'étaient vues tyrannie et injustice pareilles.

Par les Décrets du 29 Mars, la République a chassé les religieux et détruit leurs colléges ; et par une foule de dispositions draconiennes, elle a porté le désordre dans une multitude d'institutions ecclésiastiques dont elle rêve la ruine.

La République a fait de l'Instruction primaire sa chose exclusive. Toutes les Ecoles communales sont sous sa dépendance absolue. L'entrée n'en est permise qu'à ses inspecteurs. Les conditions d'ouverture d'une école libre sont si compliquées qu'elles seront difficiles à remplir dans les villes et matériellement impossibles dans l'immense majorité des communes.

Les Evêques ont signalé aux familles chrétiennes l'impérieux devoir qu'elles ont de surveiller le maître dans ses paroles, dans ses faits et gestes. Peine inutile ! L'astuce savante de la République a tout prévu, et c'est pourquoi, elle a muré l'école et fait de son enceinte comme un sanctuaire impénétrable, où le démon peut se livrer à tous ses ébats sans crainte d'aucune surprise et d'aucun regard indiscret.

Quels sont les surveillants attitrés de l'école ? Ceux, naturellement, auxquels les enfants appartiennent, et qui ont intérêt à suivre leur développement intellectuel et moral, à réprimer leurs écarts, à réformer leurs défauts, à corriger leur vices ; ceux encore à qui les familles délèguent par un tacite et naturel accord leur autorité. L'école est tenue en séquestre, et personne n'y peut pénétrer, ni le Curé, ni le Maire, ni les parents des enfants.

N'est-ce pas horrible de penser qu'un instituteur peut jurer, blasphémer, s'emporter, maltraiter les enfants, faire, en un mot, tout ce qu'il lui plaira sans que personne ait le droit de pénétrer dans sa classe et qu'il peut terroriser les enfants de manière à ce qu'aucun d'eux n'ose se plaindre ? (¹)

Il fallait s'emparer de tous les enfants du peuple, et ne pas laisser échapper une seule âme sans la marquer du signe de la bête; il fallait que tous les cœurs, pendant les quelques années consacrées à l'école, s'ouvrissent à un unique amour, celui de la Révolution, à une seule haine, celle de la Religion. Nous marchons à ce but. Dans certaines écoles, sans doute l'instituteur est encore convenable; il y a des formes à garder, des transitions à ménager ; mais ces formes et ces ménagements disparaîtront bientôt et la loi produira naturellement les fruits de mort qu'elle renferme dans son sein. (²)

(1) Hélas! au lieu de faire des suppositions, nous pourrions simplement rappeler les faits. On a vu l'Instituteur d'Eclassan frapper le petit Chabaud à coups de bâton. Celui de Ravillers casser la jambe au petit Gisel. Un autre instituteur crachait dans la bouche de ses élèves en guise de mauvais points, un autre les enfermait dans une malle. Les Journaux ont raconté la mort de trois enfants à Lyon, au Quesnoy, et à St Etienne occasionnées par les mauvais traitements reçus à l'Ecole laïque.

(2) Voici quelques-uns de ses fruits qui permettent de juger ce qu'il faut attendre et craindre pour l'avenir.
Depuis trois ans on a compté treize révoltes dans les Lycées, on a vu un Congrès de Lycéens formuler diverses demandes, dont quelques-unes ont été favorablement accueillies au Ministère de l'Instruction publique entre autres la permission pour tout élève âgé de seize ans accomplis, de pouvoir sortir seul en ville sans parents et sans correspondants. On a vu des élèves d'une école laïque prendre à coups de pierres les élèves d'une école de frères. D'autres se rendre au catéchisme de la paroisse en chantant la Marseillaise, d'autres se réunir pour abattre des croix, organiser des souscriptions pour la statue de Voltaire, pour les communards retour de Nouméa. etc. Dans les statistiques criminelles publiées par le Ministre de la justice, ou trouve 6 enfants mineurs parmi les duellistes, 3 parmi les parricides, 9 parmi les suicides et des voleurs en nombre si considérable qu'il faut construire de nouveaux pénitenciers pour les contenir. Citons encore un fait effrayant et officiellement constaté : Chaque jour, à Paris, il se vend aux élèves des Ecoles laïques et des Lycées, trente mille numéros des Journaux les plus irréligieux et les plus immoraux. Quelle génération se prépare !

CHAPITRE VI.

Les lois méprisées.

> Si les lois sont mauvaises, l'homme social est plus méchant et plus malheureux que l'homme de nature.
> DIOGÈNE.

Deux conditions sont nécessaires à l'existence de l'ordre et de la liberté dans une nation : la première c'est que les lois soient justes, sages, faites uniquement pour le bien commun ; la seconde c'est que ces lois soient scrupuleusement respectées et impartialement appliquées par les pouvoirs publics qui en ont la garde. Or, la République abroge les lois sans raison, annule par des décrets celles qui lui déplaisent, et quelquefois les enfreint ouvertement ou les applique à son gré.

Dès son origine, la République semble avoir pris à tâche de ne connaître que les lois qui peuvent servir ses passions antireligieuses et anti-sociales.

Le Gouvernement de la Défense nationale, appelé plus justement le Gouvernement de la Défaite nationale, n'a été qu'une longue dictature, où la volonté d'un seul homme a été substituée à la volonté d'un peuple et à l'empire des lois. Au lieu de convoquer immédiatement les représentants de la nation, Gambetta s'est opposé à cette mesure de salut, a résolu de continuer la guerre, a levé de nouveaux impôts, a contracté des emprunts, a dissous les Conseils généraux, a frappé d'inéligibilité diverses catégories de citoyens. (¹)

(1) Et au moment où des milliers de Français tombaient de froid, de misère et sur les champs de bataille, celui qui s'était emparé du Gouvernement édifiait sa fortune personnelle, menait joyeuse vie et invitait ses comparses à en faire autant. On connaît la fameuse dépêche.

Soustrayons du bilan de la République les cinq ans pendant lesquels les monarchistes la sortirent de sa nature et l'enlevèrent à tous ses instincts, et voyons ce qu'elle a fait de nos lois depuis.

Nos lois reconnaissaient à tout citoyen Français le droit d'enseigner sous certaines conditions communes. Or, la République a détruit tous les colléges dirigées par des réligieux, bien que ceux-ci jouissent de tous leurs droits civils et politiques de citoyens, qu'ils fussent dans les conditions de la loi, et eussent exactement rempli toutes les formalités qu'elle impose.

D'après la loi civile, toute violation du droit de domicile et de propriété est justiciable des tribunaux ordinaires. La République a déclaré que non, et a interdit aux tribunaux de 1ère instance et aux Cours d'appel de s'occuper des plaintes portées par les religieux et par les laïques, qui, par leurs sacrifices, avaient fondé les colléges libres en se conformant à la loi.

C'est un principe de droit naturel comme de droit civil que nul ne peut être à la fois juge et partie; or les Ministres ont présidé le Tribunal des conflits chargés d'apprécier leurs actes.

La loi du 24 juillet 1873 porte que dans chaque région le général commandant le corps d'armée a sous

Bourges, 16 décembre 1870, 10 h. 17 soir.

CIGARES EXQUIS. *Soyez toujours gai et de bonne composition. Salut et fraternité* à vous, au préfet et à tout le monde.

LÉON GAMBETTA.

Et Steenakers répondait à la même époque:

Bordeaux, 19 décembre 1870, 4 h. 45 soir.

J'ai eté voir vos appartements ce matin. *On y nage dans des* FLOTS DE POURPRE ET D'OR. Rien de nouveau. TOUT VA BIEN. Salut fraternel et amical.

STEENACKERS.

sa dépendance toutes les troupes de la région ; or M. Albert Grévy a été nommé gouverneur de l'Algérie et commandant les corps d'armée de terre et de mer quoique simple avocat.

Une loi interdit de nommer chevalier de la Légion d'honneur les Sénateurs et les Députés pendant le cours de leurs mandats ; or Messieurs Berthaud, Boriglione, Andrieux, etc, ont été décorés étant Sénateurs ou Députés.

La loi défend aux Ministres de créer aucune charge rétribuée par l'Etat, avant que les Chambres les y ait autorisés en votant les fonds nécessaires ; or on a vu les ministres créer des places de ministres, de chef de division, de bibliothécaire, etc., sans aucune intervention de la Chambre.

Une loi constitutionnelle attribue aux Chambres seules le droit de déclarer la guerre, le Gouvernement a entrepris la guerre de Tunisie sans l'assentiment d'aucune Chambre.

Non-seulement en vertu d'une loi mais de notre législation tout entière les traitements des fonctionnaires sont choses sacrées et au-dessus des atteintes de l'administration. Qu'un employé quelconque commette une indignité, l'administration supérieure peut le révoquer ou le traduire devant les tribunaux, suivant les cas. Sous aucun prétexte et dans aucune circonstance, elle ne peut suspendre, confisquer les traitements de sa propre autorité. A plus forte raison l'administration ne peut-elle toucher à une subvention qui est une dette, une indemnité. Or nous avons vu des Ministres confisquer les traitements des Curés et des Evêques, accusés les uns d'avoir irrespectueusement parlé des infamies de la République les autres d'avoir refusé de pavoiser leur presbytère ou leur évêché, la fête du 14 juillet, ceux-ci d'être allé voir le Pape à Rome sans en demander la permission au ministre, ceux-là d'avoir publié en chaire le nom des ouvrages condamnés par le Pape ; cet autre pour avoir dit la messe dans une grange, parce que son église menaçait ruine. Remarquez que les prêtres ne sont pas des fonctionnaires et que leurs traitements sont de leur nature une dette d'Etat, circonstance qui aggrave l'outrage et l'injustice.

Le Concordat est plus qu'une loi; il est un traité solennel intervenu entre le St-Siège et la France. Il déclare libre l'exercice du culte et de la Religion. Or, depuis que la République existe il n'est pas d'entraves qu'on n'ait opposées à la pratique extérieure des cérémonies catholiques. Il suffit du bon plaisir d'un maire radical pour empêcher les processions de la Fête-Dieu, des rogations, du St-Viatique

Les articles organiques sont une addition subreptice au Concordat que le Pape n'a jamais approuvée, et comme le Concordat est un contrat Synallagmatique toute addition faite par une des parties contractantes à l'insu de l'autre est nulle de droit ; or la république prétend les imposer toutes de force au clergé, même les articles tombés depuis longtemps en désuétude.

Une loi avait conféré aux grandes écoles catholiques le droit de s'appeler Universités, et à leurs maîtres le droit de participer aux examens et à la collation des grades scientifiques aux jeunes gens les fréquentant : elle a été retirée.

Une loi des plus respectables consacrait le repos dominical aussi nécessaire au corps du travailleur qu'à sous âme : abrogée.

Une loi ouvrait aux curés les portes dês bureaux de bienfaisance et des écoles : abrogée.

Une loi donnait aux soldats des ministres de la Religion, spécialement chargés de leurs intérêts religieux : abrogée.

Mais à quoi bon poursuivre notre examen. Les révolutionnaires en fait de loi ont toujours fait profession de se moquer de celles qui les gênaient et d'appliquer rigoureusement justes ou injustes celles qui favorisaient leurs projets pervers.

CHAPITRE VII.

Les mœurs corrompues.

> A quoi servent les lois
> sans les mœurs ?
> HORACE.

Le mépris des lois devait engendrer la corruption des mœurs, et l'abaissement des caractères. Ici encore, qu'il nous suffise de citer des faits. Mœurs morales, mœurs sociales, mœurs politiques tout est en décadence.

La statistique officielle des crimes et délits montre une progression croissante dans les crimes. De 1825 à 1829, époque de la royauté légitime, les délits de droit commun étaient au nombre de 41.240, année moyenne ; de 1875 à 1879, époque vraiment républicaine, ils se sont élevés à 141.000.

En 1880 les tribunaux ont été saisis de 360.000 affaires criminelles ou correctionnelles.

La même statistique montre qu'en même temps que les crimes croissent, la répression diminue.

Sur les 360.000 affaires dont nous venons de parler et dont les divers parquets de France ont été saisis, pendant l'année 1880, 47.000 ont été abandonnées, faute de pouvoir découvrir les coupables.

Le nombre des suicides s'est élevé en 1882 à 7.130.

L'esprit de délation, de dénonciation est devenu général et le Gouvernement, au lieu de le réprimer, le favorise. On connaît la circulaire Labuze recommandant aux préfets de lui envoyer « des notices individuelles sur chaque agent de l'enregistrement, du timbre, des contributions, etc., indiquant entre autres choses la conduite politique de l'agent, *ses relations de famille et ses fréquentations habituelles !!!* » L'espionnage permanent, roganisé et rendu obligatoire.

La corruption électorale est à son comble. La *République française* elle-même avoue que ses Députés « ne sont que des perpétuels solliciteurs au profit des électeurs, que leur insistance fausse les décisions du ministre ; » et elle ajoute : « *ce n'est plus l'intérêt public*, la justice, le droit strict qui *décide*, mais *l'intérêt électoral*, la *grâce*, la *faveur*. Nous *retournons au régime du bon plaisir...* Nous verrons les chemins de fer, les ponts et les casernes, les bureaux de poste et de tabac, les recettes particulières et les perceptions devenir los principaux facteurs électoraux, sans compter les rastels, les cloches et les fontaines. »

Un ancien Sous-Secrétaire d'Etat a prouvé que quatre milliards de travaux publics qui ne doivent rien produire à l'Etat avaient été votés uniquement pour assurer la réélection de la majorité republicaine. C'est onze millions de dépenses pour chaque député. Payez toujours pauvres contribuables.

« Une autre preuve de la désorganisation qui est la conséquence de nos mœurs nouvelles, dit le journal des Economistes (Nov. 1882), est le nombre décroissant des contraventions constatées en matière de contributions indirectes. En 1876 il était encore de 305.578, en 1881 il n'est que de 11.272, une diminution de près de trois quarts. De 1876 à 1879 le nombre des constatations de fraude a diminué de 36 pour 100. De 1880 à 1881 de 45 pour 100. En réalité il n'y a plus de répression, et la fraude devient de droit commun. On ne croit ni aux lois ni aux réglements ni aux scrupules administratifs. »

Le peuple excuserait beaucoup en fait de contributions indirectes, mais que peut-il penser quand il voit les Députés voter des millions pour pensionner des voleurs et des assassins ? refuser 20.000 francs aux Ecoles Françaises d'Orient et accorder une subvention de 800.000 à l'Opéra ? supprimer la subvention aux maîtrises des Eglises et dépenser 130 millions pour la construction d'un théâtre ? sommer les Ministres d'exécuter des décrets imaginaires contre des personnes qui ne s'occupent qu'à faire du bien, et voter le rapatriement solennel des communards de Nouméa ? chasser des hôpitaux des Sœurs adroites et dévouées, qui se contentaient d'une rétribution de 200 fr. par an et les remplacer par des infirmières laïques ignorantes et négligentes, jusqu'à tuer des malades, et qu'on paye 4 ou 5 fois plus qu'une sœur ? (¹) révoquer et remplacer, en masse et comme par

(1) Les plus graves désordres ont eu lieu déjà dans les Hôpitaux où l'on a remplacé les Sœurs hospitaliéres par des infirmières laïques. A l'hôpital de Ménilmontant, les infirmières n'ont pas trouvé convenable le logement des Sœurs et il a fallu leur ménager à chacune un *chez soi* plus confortable, ce qui a occasionné une dépense de 70.000 francs. A l'hos-

fournées, des agents consciencieux? donner à ses Lycées des noms d'apostats et de suicidés ? débaptiser des rues parce qu'elles portent le nom d'un saint ?

Quelle conclusion peut-il tirer, lorsqu'il voit des insurgés, des voleurs, des assassins recevoir une pension annuelle comme dédommagement de ce qu'ils ont pu souffrir par suite des condamnations que leurs crimes méritèrent ?([1])

pice d'Issy les internes ont envahi pendant la nuit les appartements des infirmières et l'administration, le lendemain, s'est contentée d'infliger un blâme aux coupables.

On a vu des infirmiers exiger un pourboire pour chaque bol de tisane donné aux malades. D'autres se tromper de numéro et faire avaler à un malade un remède, destiné à son voisin. Un autre a administré une fois 30 grammes d'acide pur au lieu de 40 centigrammes d'acide phénique ordonnés par le Médecin ; le pauvre malade est mort le lendemain dans des souffrances atroces.

A la Salpétrière, une folle a été mise dans le bain, la tête fixée dans un hausse-col de cuivre. Une infirmière a ouvert le robinet d'eau chaude et s'en est allée. La pauvre folle a crié, hurlé de toutes ses forces et puis s'est tue, elle était morte littéralement cuite. Nous taisons ce qui se passait à Bicètre où les jeunes idiots qui y entraient sains devenaient subitement malades. Jamais l'administration n'avait reproché aux Sœurs l'ombre de fautes semblables.

(1). Voici les noms et les hauts faits de quelques-unes de ces intéressantes victimes qu'on indemnise chaque année aux frais des contribuables.

Bande de S.-Marcel. Exploits : Maison Durand pillée, Malle-poste de Mullhouse arrêtée et volée.

Pension : Riveire 600, fr. Jeunet 1000, fr. Bouchard 1000, fr. Prost 800, fr. Berthier 1000, fr. Geoffroid 1100, fr. Labruyère 800, fr. Perchoux 1200, fr.

Bande de Villars. Exploits : Arrestation de l'adjoint, pillage de 4 fermes tentative d'assassinat de 3 gendarmes.

Pension : Abel 800, fr. Bernit 300, fr. Berthier 400, fr. etc.

Bande de Oustelnau. Exploits : Assassinat des gendarmes dont plusieurs blessés et deux tués.

Pension : Gergère 800, fr. Sère Lanause 1000, fr. Veuve Vergnes 800, fr. Mouran 400, fr. etc.

Bande de Lonjon. Exploits : Arrestation de l'adjoint et du Juge de Paix, siège de la sous-préfecture, pillage du château de Laboutresse, trois gendarmes blessés et finalement tués, le maréchal des logis tué à coups de fusils, de pistolet et de baïonnette. Son cadavre est traîné, sa tête fracassée.

Pension : Terrier 600, fr. Rocher 1200, fr. R ... 800, fr. etc.

Bande de S.-Amand. Exploits : Commissaire de Police blessé, coup de fusil déchargé sur le maire.

Pension : Les deux filles Boileau 500 fr. chacune, Boullet dit Leblond 800 fr. etc.

Bande du Loiret Exploit : Meurtre d'un gendarme.

Pension : Mallet Edouard 1200, fr. Mallet Frédéric 800, fr. etc.

Que peut-il s'imaginer quand il voit nommer députés, ambassadeurs, gouverneurs, ministres, des personnages tarés, prévenus ou convaincus d'avoir fait des arrestations illégales, commis des vols, désobéi au pouvoir, violé sa parole d'honneur ? N'est-ce pas faire croire que la morale n'est qu'un vain mot, que la vertu n'est qu'un préjugé et que le seul titre de républicain peut tenir lieu de probité, de dignité, d'honneur, de réputation, en un mot de tout mérite personnel ?

Enfin, nous signalons comme marque de corruption avancée, le succès des journaux pornographiques. Le public, chaque matin, achète environ cent cinquante mille de ces feuilles au style ordurier et aux dessins révoltants, et la jeunesse des Lycées de Paris en dévore quotidiennement, à elle seule, trente mille. Infortunée jeunesse ! Pauvre France !

CHAPITRE VIII.

Deux sources de richesses perdues.

La mode d'être désintéressé,
s'est perdue.
FONTENELLE.

Les deux sources de richesse dont nous voulons parler ne figurent dans aucun traité d'économie politique. Il ne s'agit, en effet, ici, ni de mines d'or ou d'argent, ni d'industrie et de commerce, ni de mécanisme nouvellement inventé, ni d'application nouvelle de force,

Côte-d'Or. Exploits: Mr Marcy de Laloulaye, assommé la nuit d'un coup de pistolet.

Pension: Charles Bernard 200 fr.

Et ainsi de suite: des vols et des assassinats d'un côté et de l'autre des récompenses jusqu'à concurrence de 8 millions, donnés aux coupables.

ni de secret dérobé à la nature, ni de produits de l'agriculture, ni de protection ou de libre échange. Et cependant, ces deux sources de biens matériels sont d'une inépuisable fécondité. Elles ont ce caractère singulier d'être à la portée de tous, et partout présentes. Le temps les renouvelle et les rend permanentes. Y puiser, n'est pas les amoindrir, mais au contraire les augmenter en étendue dans l'espace, en degré dans leur profondeur. Ces deux sources merveilleuses sont l'*Honneur* et le *Dévouement religieux*, ou esprit de sacrifice, considérés comme moyens d'économie, comme facteurs puissants dans la richesse publique.

L'Honneur. Il était entré dans nos mœurs, en France, de le considérer comme tenant lieu de richesse, comme un dédommagement du travail, comme une récompense suffisante dans une foule de fonctions publiques. Jusqu'à l'avénement de la république qui salit tout, déshonore tout, abâtardit tout dans son impur et grossier matérialisme, il suffisait qu'une fonction fût grandement honorée pour qu'elle fût peu rétribuée. L'argent était en raison inverse de la considération. L'un diminuait quand l'autre croissait; telle était la loi morale, résumée dans cet aphorisme de nos pères : *Honneur passe richesse.*

Parmi toutes les maximes que nos aïeux prirent pour devise et qui inspiraient leur courage, leur abnégation, leur intrépidité partout où il y avait une noble cause à défendre et à soutenir, nous n'en trouvons aucune de plus belle et de plus significative: « Honneur passe richesse. »

Il n'est donc pas étonnant que les carrières les plus honorées aient toujours été les plus pauvres, que les fonctions les plus hautes aient été les moins rétribuées. Le Clergé, l'Armée, la Magistrature sont considérées à juste titre comme les principales colonnes de l'édifice social, leurs membres n'ont à peine que de quoi vivre : « Honneur passe richesse. » Cette devise était comme le trait distinctif de notre caractère national, et l'histoire de notre pays nous montre une foule de dignitaires à tous les degrés prisant le point d'honneur jusqu'à refuser les rétributions les plus légitimes.

Nous avons vu sous la Restauration un ambassadeur, le Duc de Richelieu, refuser le million que les chambres, dans leur reconnaissance, lui avaient voté pour avoir su, par son habileté diplomatique, lors des traités de 1815 arracher aux alliés des conditions qu'on désesperait d'obtenir. Nous avons vu un ministre, M. de Villèle, refuser son traitement pendant six ans, des Préfets refuser leurs traitements et des Maires abandonner à l'Etat même leurs frais de bureau.

Aujourd'hui, la République s'ingénie à créer des places nouvelles grassement payées pour renter ses fidèles amis, et, dans toutes les administrations, il n'est question que d'augmentation de traitement.

A la honte de ce temps, il s'est trouvé des députés républicains qui, mécontents de leurs 25 francs par jour, ont osé mendier des permis de circulations. Les conseillers municipaux de Paris réclament un traitement et, en attendant, s'adjugent 260.000 fr. d'indemnité. Il n'y a pas de raison pour que tous les Conseils municipaux de France n'entrent pas dans la même voie et n'y soient bientôt suivis par les Conseils d'arrondissement, par les Conseils généraux. Ce qui nous vaudra sept à huit cent mille fonctionnaires de plus à pensionner.

Les vrais patriotes ont beau crier devant le scandale des cumuls, ils n'eu persistent pas moins dans leur grossier cynisme. La France est un pays conquis qu'on peut rançonner à son gré, une vache à lait qu'il faut traire jusqu'à extinction et, chaque année, nous avons le spectacle d'un budget voté en déficit. La conséquence de cet état de choses, c'est que pendant que les républicains s'enrichissent, le budget augmente, la dette publique s'accroît, le vrai peuple, celui qui travaille, produit et prie, s'apauvrit sans cesse; c'est que, la question sociale s'envenime d'heure en heure, grandit sans cesse par le paupérisme dont le flot montant gagne tous les métiers, toutes les professions, toutes les catégories du travail.

La République n'a pas tué que l'honneur, elle a tué encore l'esprit de foi, l'esprit de sacrifice et de Dévoûment chrétien. Il est merveilleux dans ses résultats ce dévoûment. De tous les sentiments qui meuvent l'âme humaine et obtiennent d'elle des prodiges dans le bien, il n'en est pas de plus fort, de plus actif et de plus fécond ; voyez plutôt. S'agit-il de soigner les malades dans les hôpitaux, de vivre de leurs douleurs et d'y consoler et fortifier leurs trépas? le dévoûment chrétien ne demande rien, n'exige rien, excepté le pain quotidien et un habit de deuil. S'agit-il d'écoles, de cette profession terrible de l'enseignement qui use si vite les forces et exige que l'homme et la femme se fassent enfants, tout en ayant la plénitude de l'être? le dévoûment chrétien se contente encore du logement et de la nourriture. S'agit-il de quitter parents, amis, foyer, patrie pour aller porter au loin le nom et les gloires de la France ? le dévoûment chrétien, le missionnaire, la sœur de charité et le frère catéchiste vous répèteront encore : « De quoi nous nourrir, de quoi nous vêtir, c'est tout ce que nous demandons.

C'est le dévoûment chrétien qui a défriché le sol français, qui a construit les hôtels-Dieu, qui a édifié les cathédrales qui font l'admiration et le désespoir des architectes modernes.

C'est au dévoûment chrétien que l'on doit ces établissements d'Instruction, dont l'inventaire glorieux figure dans les décrets de proscription de la Convention. Il y avait en France avant 1789 :

17 Grandes Universités.

567 Colléges où se donnait une Instruction secondaire complète.

8.300 professeurs dans les Universités et les colléges.

Sur 73.000 élèves qui fréquentaient les classes secondaires ou supérieures, 40.000 étaient admis gratuitement. Et ni Université, ni collége, ni professeur, ni élève ne demandaient de subvention à l'Etat.

Les devis du Lycée que l'on construit à Foix s'élève a seize cents mille francs; à ce compte le dévouement religieux pour construire au moyen-âge ces 584 Universités ou colléges aurait dépensé 939.200.000 francs.

Eh bien! ce dévoûment qui suffisait à tout, la Révolution a juré de l'éteindre et travailler de toutes ses forces à y parvenir, satisfaite de contenter sa haine contre la Religion, dût-elle, en le faisant, ruiner complètement l'Etat.

CHAPITRE IX.

La Responsabilité détruite.

Le ciel a mis le bonheur des peuples
dans la responsabilité des rois.

BOISTE.

Rien n'est puissant comme le sentiment de la responsabilité pour tenir en éveil les facultés de l'homme et l'obliger à veiller sur ses actes. Un époux est responsable du bonheur de son épouse, et cette responsabilité le tient dans la voie du devoir et l'y ramène quand il s'en est écarté.

Un père est responsable de l'avenir de ses fils, de la vertu de ses filles, et cette responsabilité le rend prévoyant, sage, mesuré, attentif. Elle inspire et dirige tous les actes de sa vie. Un tuteur est responsable des biens de son pupille; c'est pourquoi, il les administre avec une impitoyable rigueur.

Un général est responsable de ses soldats, et c'est pourquoi, en temps de paix, il soigne leur santé et leur bien-être, comme, en temps de guerre, il épargne leur sang.

La responsabilité est partout dans la vie, et c'est elle qui l'élève et l'ennoblit.

La plus grande hauteur à laquelle s'élève ce sentiment auquel l'homme doit toute sa dignité, se trouve dans la royauté.

Un roi, quoi qu'il pense, quoi qu'il fasse, ne saurait se soutraire à cette grande et féconde pensée. Je suis responsable de la prospérité de mon peuple, dans sa fortune, dans sa gloire, dans son honneur. Qu'on lise l'histoire de la Monarchie française, on la trouvera toujours incarnée dans la nation, solidaire avec la nation, cœur et tête de la nation.

Il n'y a que la République qui soit irresponsable. Quelque mal qu'aillent les affaires, quels que soient les malheurs qui arrivent, on ne sait à qui s'en prendre. Jetons un coup d'œil sur ce qui ce passe.

Le Président de la République se désintéresse de tout, ne se fait responsable de rien. Il est un magnifique soliveau regardant faire les ministres et le parlement, contre signant leurs actes, quels qu'ils soient, sans s'occuper s'ils sont utiles, justes, profitables et moraux.

Les Ministres semblent-ils comprendre les obligations de la responsabilité? le voudraient-ils, ils n'en ont pas le temps. Pour que le sentiment de la responsabalité soit réel, puissant, efficace, dans un homme au pouvoir, il faut qu'il y reste longtemps. Or, nos ministres ne font que passer ([1]). Quand ils entrent aux affaires, ils ne les connaissent pas; ([2]) et, quand à peine ils en ont débrouillé les premiers éléments, ils s'en vont. Souvent ils sont condamnés à continuer les errements de leurs prédécesseurs et font le mal, avec d'autant moins de remords, qu'ils ont une excuse toute prête en disant que ce n'est pas eux qui ont commencé. Aucun ne parvient à inaugu-

---

(1) Depuis M. Thiers, 17 Ministères se sont succédé. C'est en moyenne une durée de 8 mois et de 7 jours chacun, juste le temps de désorganiser un service, de placer ses amis, faire quelque acte de despotisme, ou compromettre les intérêts de la France et disparaître.

(2) Voici des échantillons de leur science ministérielle ou de leur application à l'acquérir.

Mr Tirard s'est trompé de cent millions dans la supputation de recettes. C'est le même qui accepta d'être ministre de l'agriculture ne sachant pas ce que c'était qu'une fusée de maïs et qu'un cheval hongre.

Mr Hérisson n'a pu renseigner à deux milliards près sur les travaux publics qui avaient été ou allaient être terminés.

MM. Fraycinet et Léon Say se sont trompés de cinq milliards sur le réseaux des chemins de fer qu'on est en voie de construire.

rer un système de politique suivi, aucun n'arrive à conqué-
rir cette qualité de conducteur de peuple, qui consacre tout
son dévoûment au bien public dont il devient solidaire.

Trouverons-nous la responsabilité dans les chambres ?
Non; c'est là surtout que l'unité est absorbée par le nombre,
que l'individu se perd dans la masse : chacun décline la
responsabilité, se croyant trop petit ponr en avoir à re-
douter le poids. A qui peut-on réellement s'en prendre
du malheur de la patrie, des injustices, de l'arbitraire
et du despotisme lorsqu'on a à faire à des centaines
d'hommes ? à personne. Chaque député, chaque sénateur
s'abrite dans la majorité, et, sur le bloc, jette le poids
des fatales décisions. Que tout s'engloutisse dans le malheur financier : instruction, libertés civiles et politiques !
On n'a personne à qui crier, personne à maudire, personne à vouer aux éternelles gémonies.

Et maintenant, supposons un souverain, tout est changé.
Il devient glorieux en faisant le bien, en maintenant
l'ordre, en produisant la prospérité ; il est maudit par
les cent mille voix de la presse s'il s'engage avec obstina-
tion dans l'injustice. Un tyran est au temps où nous sommes, impossible ; c'est sur lui, au besoin, que l'opinion
est une force irrésistible et toute puissante.

Un roi a derrière lui des enfants à qui il doit léguer
l'héritage de sa gloire et de sa vertu. Un roi songe
sans cesse à son successeur pour lui laisser une voie
large, sûre, glorieuse. En un mot, le devoir, l'honneur,
l'intérêt, tous les sentiments les plus forts de la nature humaine s'unissent pour imposer à un roi l'obligation
de se dévouer tout entier, toujours et sans réserve au
bonheur de son peuple, pleinement, parfaitement responsable devant la nation.

Le seul mode de succession dans une dynastie royale résumé dans ce cri : « le roi est mort vive le roi, » est à lui seul un gage d'ordre et de stabilité à l'intérieur. Il est aussi le moyen le plus sûr de nous procurer à l'extérieur le respect, l'estime et des alliances, dont l'isolement où nous sommes devrait nous faire reconaître tout le prix.

Et ces brillants résultats seraient produits dans notre pays d'autant plus efficacement et plus rapidement, que la Maison de France est représentée par des Princes qui, de l'avis de tous, personnifient l'honneur, la dignité et la vaillance et dont le chef a résumé ainsi son programme :

« Un pouvoir fondé sur l'hérédité monarchique, respecté dans son action sans faiblesse comme sans arbitraire , le gouvernement représentatif dans sa puissante vitalité, les dépenses publiques sérieusement contrôlées, le règne des lois, le libre accès de chacun aux emplois et aux honneurs, la liberté religieuse et les libertés civiles consacrées et hors d'atteinte, l' administration intérieure dégagée des entraves d'une centralisation excessive, la propriété foncière rendue à la vie et à l'indépendance par la diminution des charges qui pèsent sur elle, l'agriculture, le commerce, l'industrie constamment encouragés : Voilà les vœux que ma raison et mon cœur me dictent pour ma patrie.

« Pénétré des besoins de mon temps, toute mon

ambition est de fonder un gouvernement vraiment national, ayant le droit pour base, l'honnêteté pour moyen, la grandeur pour but. »

C'est la Charte de 1814 et de 1830 interprétée et complétée par un sage libéralisme et sanctionnée par la parole d'un Prince, qui a su forcer l'estime et l'admiration de tous, et que les adversaires politiques eux-mêmes ont appelé le plus loyal et le plus honnête homme de son siècle.

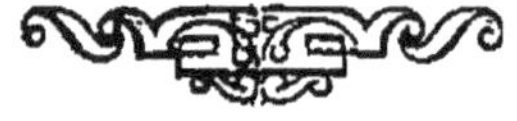

TABLE DES MATIÈRES